Todos los libros de Linkgua Ediciones cuentan con modelos de Inteligencia Artificial entrenados por hispanistas. Pregúntale al chat de tu libro lo que desees acerca de la obra o su autor/a.

Para ebooks: Accede a nuestro modelo de IA a través de este enlace.

Para libros impresos: Escanea el código QR de la portada con tu dispositivo móvil.

Obtén análisis detallados de nuestros libros, resúmenes, respuestas a tus preguntas y accede a nuestras ediciones críticas generativas para una experiencia de lectura más enriquecedora.
La transparencia y el respeto hacia la autoría de las fuentes utilizadas son distintivos básicos de nuestro proyecto. Por ello, las respuestas ofrecen, mediante un sistema de citas, las fuentes con las que han sido elaboradas.

Esteban Borrero

Relatos

Barcelona 2024
Linkgua-ediciones.com

Créditos

Título original: Relatos.

© 2024, Red ediciones S.L.

e-mail: info@Linkgua-ediciones.com

Diseño de cubierta: Michel Mallard.

ISBN rústica ilustrada: 978-84-9953-428-2.
ISBN ebook: 978-84-9953-427-5.

Sumario

Brevísima presentación

La vida

Esteban Borrero (1849-1906). Cuba.

Nació en Camaguey el 26 de junio de 1849 y se suicidó en San Diego de los Baños el 29 de marzo de 1906. Médico, poeta, escritor, profesor, fundador de escuelas y revolucionario. Colaboró en las publicaciones *Correo de las Damas*, *Revista de Cuba* y con Varona, Varela Zequiera y otros en la obra *Arpas Amigas*. En 1878 publicó en La Habana *Poesías*.

Calófilo

I

Conocí y traté íntimamente allá en mis mocedades a cierto joven singularísimo, cuya historia quiero hoy contarte, si no para tu ilustración, para entretenimiento de tu espíritu. Confieso que tengo la convicción de no poder hacerlo con acierto, porque está pálida y descolorida mi memoria; mas, no será esto parte bastante a que yo desista de mi propósito; que aquello que falte de exactitud a mi cuento, ni tú, lector, podrás echarlo de ver, porque no conociste a mi hombre; ni él mismo podrá echármelo en cara porque ha tiempo que desapareció de entre los vivos.

Tenía mi amigo por nombre el de Calófilo. No sabría decirte quiénes fueron sus padres, ni contarte una a una sus niñeces; y juzgo que tú cuerdamente harás caso omiso de tanta sandez como pudiera aquí enjarretarte a imitación y estilo de biógrafo. Baste, pues, que sepas que trabé conocimiento con él muy entrado ya en los dieciocho años. No más de ésos contaba yo, y con ello dicho se está que se comprendieron nuestras almas y que nos amamos como se usa en esa venturosa edad.

Descubrióme su alma, hizo que vieran mis ojos en su parte más recóndita, y vi en ella lo que solo mi indiscreción te haría saber. Era uno de esos seres de exquisita sensibilidad estética y moral, de sensibilidad enfermiza, como ha dicho el primero de los líricos hablando de su propia alma.

Los que creen que el genio es una neurosis vesánica hubieran podido confirmar esta opinión estudiando a Calófilo. Exagerado por extremo, todo sentimiento era una pasión en su ánimo, sufría siempre, sus ideas se desarrollaban mejor cuando padecía; necesitaba, por decirlo así, que el dolor sazonase los frutos de su alma, si no había de estar condenada a perpetua esterilidad. Con todo esto era, y por esto mismo quizás, una imaginación vivísima, y poseía en alto grado las condiciones del vidente de todo sentimiento culpable su alma, podía dilatarse en ella la mirada como en el azul de nuestro cielo; era profunda, pero sin sombras. Poeta sobre todo, soñador, ¿qué venía a ser la vida para él? Amar al hombre, amar la naturaleza, amar lo bello en todas sus manifestaciones. Creíase colocado en el mundo para disfrutar de los bienes de la creación en comunidad con los demás hombres, su individualidad no se había destacado aún del fondo de su conciencia, y vivía en la sociedad que le rodeaba como la rama en el tronco de donde toma la savia.

¿Quién se hubiera atrevido a decir a Calófilo que la ley de la fuerza impera hoy en la esfera del pensamiento y de la acción con tanto vigor y energía como en los albores de la sociedad humana? ¿Quién? Por una aberración de su espíritu, producto naturalísimo de su idiosincrasia, los sentimientos altruistas aparecieron en él antes que los egoístas, y era humanidad antes que hombre; su yo, su conciencia, no residía en él sino en los demás.

No pretendo hacer en este cuento una monografía, si no, gustoso, describiría ahora todos los rasgos de su carácter y haría una larga incursión en el campo fronterizo de la razón y la locura, en donde suelen manifestarse y brillar estas caracteres y sus análogos que esperan aún que la ciencia les asigne un lugar en uno u otro campo.

Quién sabe, por otra parte, si, al paso que vamos, no alcance tal preponderancia sobre los otros el sistema nervioso que al cabo de cuatro o cinco generaciones, con el ejercicio casi absoluto del órgano del pensamiento y nuestros vicios, quién sabe, digo, si los hombres nacerán con un cerebro enorme y será el neurosismo el estado habitual y la salud misma. Pero volvamos a Calófilo. ¿Que era poeta dije?

Aún acaricia mi oído la música de aquellas estrofas suyas en que rebosaba el sentimiento más delicado. Solía recitármelas como quien se dirige a esos seres invisibles a los profanos y que ve únicamente el que se inspira. En uno de sus arranques de inspiración me dijo alguna vez:

—¡Oh!, dadme la lira y cantaré mi Iliada; dadme el cincel y encarnaré mi ideal de lo bello bajo otra forma en el mármol como Fidias; dadme la paleta y pintaré como Apeles; dadme la clave de esta música que yo escucho en dulce arrobamiento al nacer el día o al morir la tarde y llenaré el mundo con una melodía infinita.

Y en otras ocasiones:

—Yo amo al hombre —prorrumpía—, yo no vivo en mí, soy solidario de todo lo humano, yo me siento noble y grande con la ajena grandeza, y pequeño, débil y pecador con el que peca. No hay un dolor que no me pertenezca, no han derramado los hombres una lagrima que no haya caldeado mis mejillas.

Así pensaba, así sentía Calófilo, diré mejor.

II

Había perdido de vista por espacio de dos años a mi amigo, cuando en cierta ocasión di con él y le vi tan cambiado físicamente que estuve a punto de no reconocerle. Estaba, además, serio, grave, taciturno, y había en la expresión de su semblante algo de eso que debió verse en la cara del viajero sorprendido por la Esfinge. En medio de esa multitud de confidencias que se hacen siempre los amigos cuando han estado largo tiempo separados, descubrí en él sentimientos que me eran desconocidos y una exaltación tal de ideas que me sorprendió dolorosamente. Había en su espíritu un fondo de amargura bastante a envenenar toda una existencia; pero la exageración de su dolor era terriblemente lógica, abrumadora, contagiosa. Había sufrido, había sufrido mucho, y era necesario sufrir con él.

Cuando, como mi amigo, se ha nacido con una imaginación ardiente; cuando se tiene un corazón puro y bastante vigor moral para justificar, santificándolos, todos los afectos que se sienten; cuando por desgracia el mundo no da ejemplo ni de justicia ni de bondad, el que así siente se prepara sin sospecharlo a recibir muy duras lecciones de la experiencia. Hay entre estos seres y la sociedad un antagonismo latente que tarde o temprano ha de provocar grandes conflictos entre ambos. Esos conflictos no se hacen esperar y el individuo que choca contra el muro inquebrantable de la opinión y la costumbre se hace pedazos sin que llegue siquiera a conmoverlo; entonces los desgarramientos de esas almas puras, entonces las agonías de un espíritu que naufraga, que se ahoga falto de medio apropiado en que desarrollarse convenientemente. En este combate sucumbe casi siempre el individuo, no sin que antes lance su amarga protesta al rostro de aquellos por quienes fue anonadado.

Sucumbe casi siempre, dije, porque no sucumben todos. Espíritus vigorosos hay que dotados de una suma prodigiosa de vitalidad moral o artística se imponen al mundo y le imponen su ideal. Estos espíritus se apoderan de las fuerzas ocultas de la sociedad en que se desarrollan y le dan su propio carácter, su fisonomía, tiranizándolo todo con ese elemento poderosísimo de fascinación y tiranía que se llama genio. Pero Calófilo no era un genio; sus fuerzas eran todas, por decirlo así, subjetivas, no era hombre de acción; alma sensitiva que se replegaba sobre sí misma al primer choque con lo exterior y que gastaba en el dolor toda su vitalidad. La fuerza que hubiera podido descargar sobre el mundo reaccionaba descargándose sobre su propio ser. Por un fenómeno análogo convierten ciertos espíritus las faltas ajenas en propias, y se empapan con morbosa avidez de cuanto dolor hay en torno suyo.

Calófilo había sucumbido o estaba a punto de sucumbir después de uno de aquellos conflictos. Ésta es una de las formas en que se ejerce la lucha por la existencia, *the struggle for life* se verifica en el orden moral y en el campo de la inteligencia como en el orden físico, los mismos antagonismos, la misma ley de acomodación al medio, todo.

—¿Qué haces ahora? —pregunté a Calófilo al despedirnos.

—Estudio —me respondió—, estudio filosofía, se ha abierto con ella un campo más vasto a mi inteligencia y empleo más provechosamente sus actividades.

—¿Y la poesía, tu poesía —interrumpí yo.

—¿La poesía? ¡Abandonada! No escribo versos ya, sino a pesar mío, no quiero pasar la vida en estéril contemplación.

Aquello me admiraba, no sabía qué pensar de un cambio al parecer tan radical.

—¿A qué escuela perteneces? —pregunté.

—A ninguna —me contestó—, busco la verdad dondequiera, sin que crea que ésta se halla vinculada en ciertos sistemas mejor que en otros, pero si a alguna parte hubiera de inclinarse mi espíritu, seguiría la corriente de las ideas modernas. Las escuelas han muerto para siempre en filosofía. Hoy existen solo direcciones individuales y todas ellas caben y huelgan dentro de la tolerancia de la época, dentro de la duda filosófica que todo lo invade.

Nos fue forzoso interrumpir aquella conversación y nos despedimos prometiéndonos que nos veríamos en breve.

Este joven, pensaba yo (y no te extrañe que así pensara, pues siempre fui hombre de más calma y de menos pasiones que mi amigo), este joven no tiene todavía esa madurez que alcanza el espíritu cuando llega a ser espectador de sus propios fenómenos. Todo este ardor filosófico no es sino una mera forma de su entusiasmo lírico. Había observado yo cambios semejantes en mi ser moral e intelectual; pero estos cambios se habían operado sin sacudidas. Evoluciones y no revoluciones, ni turbaron mi inteligencia ni oprimieron nunca mi corazón.

Lector, quienquiera que seas, tú habrás pasado también por ellas. Se cambia incesantemente, y al hombre del pasado sucede el hombre del presente en esa necesaria mutabilidad del sentimiento humano, que quizás sea su condición indispensable de progreso. Tú no extrañarás ese cambio no menos natural en mi amigo por ser más rápido; y si te extrañan todavía esos matices de conciencia en un mismo ser, ve, yo te lo encarezco, a buscar su causa y razón en la ciencia del alma, y de paso aprende por qué pueden existir en un mismo individuo dos conciencias opuestas que se excluyan tal vez sin que rompan la unidad del sentimiento de la personalidad en el individuo en que se manifiestan. Tú dirás que esto es patológico. Bien, yo hablo de un alma apasionada y tú sabes que pasión es casi enfermedad, si no lo es por entero. Repito, sin embargo, que yo no experimenté nunca esas pasiones; bien que yo soy de temperamento linfático y mi amigo era todo nervios. ¡Qué de consideraciones no apuntaría aquí sobre materia tan fecunda, si no me entretuviese el cuento de esta historia!

III

Amaneció un día en que me acordé de la promesa hecha a Calófilo y me encaminé a casa de mi amigo. Le hallé inclinado sobre su bufete, en actitud preocupada y rodeado de libros. Tan absorto estaba que no había oído el ruido de mis pasos. Puse mis manos sobre sus hombros y solo entonces fijó la vista en mí.

—¿Estás enfermo? —pregunté.

—No —contestóme, después de un momento de silencio—, me había despedido del mundo y me sorprende verte, hubiera preferido estar solo.

Diciendo esto trató de recoger algunos manuscritos dispersos sobre la mesa por sustraerlos quizás a mi curiosidad.

No sabía qué pensar de la actitud de mi amigo, ni podía explicarme aquella irregularidad de su conducta. ¡Qué estupefacción dolorosa se marcaba en toda su fisonomía! Pensé por un momento que acariciaba la idea del suicidio, y, con esa autoridad que dan las viejas amistades, tomé la hoja de papel que tenía bajo la mano, y leí en ella estos versos:

Poeta: cuando rendida
La fatigosa jornada
Vuelvas el cuerpo a la nada
De donde tomaste vida
¿Qué musa compadecida
Hará durable tu historia,
Ni tu fenecida gloria
Con dolor recordará?
¿Quién piadoso guardará
De tu vida la memoria?

—¡Oh! —exclamé interrumpiendo la lectura—; temía algo peor, y no encuentro más que tus viejas melancolías. Pero, ¿a qué esa declamación eterna, a qué ese anticiparte a sufrir un dolor que solo existe en tu imaginación? Te creía curado ya de estas pequeñeces, amigo mío.

—¡Curado! ¿Curado de qué? Yo quiero —dijo exaltándose— concederte que mi temperamento me condene al dolor, quiero concederte que el dolor es una ilusión; pero, dime, ¿por qué he de ser responsable de ello? ¿Qué cordura es la de esa opinión que me hace un delito de mi propia desgracia? Vosotros, tú y tu mundo de seres indiferentes y fríos, egoístas y calculadores, no concebís que exista una verdad fuera de lo que declaráis por tal; vosotros quisierais vaciar todas las almas en el molde de la vuestra, negar todo lo que no sea vuestro, condenar todo lo que no haya salido de vosotros. Ésa es la filosofía que me propones como modelo. Cuentas con dos grandes elementos de consuelo y de vigor en el dolor: el desprecio, el desprecio por todo aquello que no te conviene, y el odio hacia todo lo que te contraría. Con estos dos elementos rehaces tu personalidad cuando ha sido trastornada por lo exterior. Eso me aconsejas, ¿no? Que odie, que desprecie, que cierre los ojos, voluntario ciego, a la verdad, cuando es dolorosa para no confesármela nunca; que cuando vacila el espíritu sin una creencia, porque nada puede creerse, elija una afirmación, una afirmación cualquiera que sirva de punto de apoyo a las fuerzas efectivas o intelectuales que de otro modo se dispersarían esterilizándose; quieres que tenga un fanatismo para combatir el fanatismo de los demás; quieres... pero escucha, deja que te hable, tú has venido a despertar mi alma adormecida en el dolor, deja que te cuente mi vida por entero y sabe de una vez qué ha pasado por mí desde que dejamos de vernos. Óyeme, y júzgame.

Y me habló de esta manera:

—Tú conoces mi vida de adolescente, sabes que solo había vivido para amar, para creer; mi corazón se daba su sustento de ilusiones, de ensueños y de esperanzas; yo no conocía los grandes dolores de la vida, sino de nombre. Cuando nos separamos aún no había salido de aquel paraíso. Pero llegó un día en que pedí al mundo la realización de tanto dulce sueño, y el mundo, amigo mío, no tiene sino tormentos para los que aman, e indiferencia para los que sufren; me hirió en mitad del corazón y se burló de mi dolor. Las mujeres sí las amé, los hombres sí busqué su amistad, los hechos sí quise estudiarlos en sus primeros móviles; mi propia alma, si analizar quise sus pasiones, se encargaron de infiltrar en mi corazón el veneno de la desconfianza. Yo soñaba con el amor puro, con el amor eterno: ése era mi ideal, y ¿qué encontré fuera de mí mismo? La indiferencia, y una gran ley preconizada por los filósofos y puesta en práctica por el mundo: la ley del olvido. La posesión embota el deseo y toda pasión con serlo lleva en sí misma el germen de su muerte; así todo bien es un mal en el fondo. ¿Por qué me enseñaron a creer en un amor que no podía satisfacer? Decídelo tú, concilia esto con la idea Providencia que nos imbuyen desde los primeros pasos de la vida.

La amistad, yo era capaz de sentirla; yo me sacrifiqué cien veces por ella, yo fui generoso, casi pródigo, pródigo de todo, de mi fortuna, de mi amor. ¿Y qué tuve en cambio? El egoísmo más frío y descarnado; el egoísmo en toda su horrible fealdad; la ingratitud y la traición. Entonces me dijo un profundo pensador: «Ese es el hombre y ha sido siempre así, la culpa es tuya que te lo figuraste mejor». ¿Verdad que esto es muy bello? ¿No tenía yo derecho para pedir cuenta de mi dolor a los que me inculcaron tales creencias? Y si las tuve porque nacieron en mí naturalmente, ¿por qué condenarme al dolor sin que yo pudiera huir de él? ¡Ésa es también tu Providencia! ¿Ésta es mi culpa, verdad? Luego, ¿qué decirte?

Yo sentía que una gran ley moral regía todos los actos humanos, la veía en mi corazón presidiendo la vida de las sociedades y me bastaba sentirme bueno y puro, para creer que tenía derecho a la vida. ¡Ay! la fuerza, la fuerza, ésa es la única ley moral que se desarrolló a mis ojos; esa fuerza me excluyó de la vida. Me hubiera negado la luz del Sol y el aire; me hubiera hecho pedazos la gran rueda del egoísmo, antes que pudiera verla y descubrir la horrible máquina.

Todavía encontré consuelo a este dolor en la reacción de todo mi ser y en la protesta que hacía mi alma engañada y herida; pero era necesario vivir, yo no estaba ejercitado como los que me rodeaban en aquella vida condicional, mi espíritu no había sido disciplinado por el egoísmo y todos los días volvía a luchar para sucumbir de nuevo. Aquí verás tú mi culpabilidad también, y aún te maravillará que no me hayan lapidado para contentar la vindicta humana.

Sí, yo tuve la culpa, y la sociedad se vengó dignamente.

Y yo mismo, cuando pude analizar mis afectos y pasiones, yo me encontré débil, casi miserable, lleno de vanos deseos, de pequeñeces a que estaba condenado por mi organización. ¡Qué de dolores, qué de rubor, qué de desesperación! Luchaba conmigo mismo, era yo quien me condenaba. Sabes tú cuán amarga es esta convicción de la propia flaqueza. ¿Ves cuánta piedad hay en que nos condene la naturaleza a un ideal irrealizable dentro de nosotros mismos? ¿Ves qué refinada bondad en hacernos verdugos de nuestro propio ser, en darnos la sed insaciable en medio de la linfa que huye de nuestros labios?

¡Oh, tu Providencia! Lo único que hay en el fondo de todo esto es mi falta, mi error. Así raciocinas tú y así raciocina el mundo.

—Ya ves —prosiguió— cómo fui arrojado del paraíso de mis sueños por la más amarga de las realidades.

Después, a pesar mío, iba a rondar el huerto encantado y miraba, por entre los abrojos que me impedían volver a entrar en él, todo lo que había perdido. No tenía valor para convencerme de una vez, quería creer y soñar de nuevo. En ocasiones, en medio de una de estas contemplaciones retrospectivas, oía una carcajada que me volvía al sentimiento de la realidad, nuevo Adán sorprendido por la mirada del arcángel.

Busqué refugio en el estudio, comencé a estudiar ciencias naturales. Esto me consolará, pensaba; me identificaré con la naturaleza, me forjaré otro mundo, no tan risueño como el que he perdido, pero menos borrascoso. El Sol de la ciencia con sus majestuosos resplandores iluminará mi alma; pensaré, no sentiré más, esto servirá de contrapeso a mi sensibilidad aún no domada. Así iba persuadiéndome de que me consolaba, pero a medida que penetraba en estos estudios surgía en mi espíritu la pasión por los estudios filosóficos. La verdad, la verdad suprema, era el fin que me proponía ya alcanzar; soñaba con una fórmula única, compendiosa de todas las verdades. En más de una ocasión creí sentir que se deslizaba por entre mis manos el hilo de aquel laberinto, y creí también haber resuelto la gran ecuación. ¡Qué problemas tan pavorosos planteó mi espíritu, qué verdades tan desconsoladoras había llegado a entrever en estas especulaciones! Pero esto no me desanimaba; la verdad debe buscarse a todo trance y hallaba un placer acre y punzante en saber algo más aún, comparando la noción con un dolor, y nada me desalentaba. Saltaba por encima de todo y, poseído de extraño vértigo, me lanzaba por en medio de las sombras que rodean a ciertos problemas filosóficos, sin volver la vista atrás. ¿Qué había logrado ver ya distintamente? No lo sé, pero, con uno solo de mis pensamientos, creía que se podía llenar un mundo.

Pero ha pocos días —prosiguió, bajando la voz— mi inteligencia ha recibido un golpe terrible, una sacudida de muerte, y hoy se pierde mi espíritu en un mar de vacilaciones y temores, en el mayor desconcierto y turbación. ¿Sabes qué siento ahora? La duda de la duda —dijo, y dejó caer la cabeza entre las manos.

IV

Se encontraba Calófilo en uno de aquellos momentos de crisis tan frecuentes en él, comunes en los que viven poseídos de una pasión cualquiera, pero que en su naturaleza exaltada dejaban honda huella. Estas crisis preparan casi siempre un cambio saludable en las organizaciones vigorosas; mas, no sé por qué fenómeno en ciertos individuos no tienen este carácter decisivo, y una crisis prepara otra o se repite constantemente, como si para ellas fuera imposible desprenderse de cierto orden de ideas con las cuales están identificados por una especie de compenetración de la idea en la sustancia sensorial.

En estos seres las ideas tienen, por decirlo así, un carácter personal; despojarlos de ellas es como arrancarles las carnes fibra a fibra; para éstos toda transición es una mutilación mortal; cambian, sí, pero mueren. A veces, sin embargo, resucitan, pero esta resurrección se opera a pesar suyo, son casi extrañas a ella, y solo más tarde toman sus impresiones la forma consciente y siguen viviendo para los demás; para sí mismos acaban de nacer. Esta intermitencia de la vida de la conciencia es hija, quizá, de las intermitencias de nutrición a que obedece su sistema nervioso sobreexcitado y que cae de tarde en tarde en un estado de sopor o de estupefacción. Se suspende la vida intelectual como pudiera suspenderse la vegetación en un campo privado a intervalos de su riego natural y del calor. No siempre las fuerzas vitales reaccionan favorablemente; y el campo de la inteligencia queda estéril.

Largo tiempo permaneció Calófilo sumido en una especie de abatimiento físico y, reanimándose al fin, prosiguió:

—Hace dos semanas que velaba aquí, en este aposento. Estudiaba, era ya más de medianoche, mi cabeza ardía, buscaba con afán en la meditación de lo que había leído una verdad que se burlaba de mí; una conclusión de cierto orden de fenómenos psicológicos y morales juntamente. ¿Qué es la razón?, me preguntaba; y maquinalmente comencé a recitar estos versos del mejor de mis amigos:

Ven, oh, Verdad, un corazón ardiente
No a adormecer con pócima calmante
Entre nimbos de luz muestra a mi mente
La austera majestad de tu semblante.

Suma Razón: en la vedada lumbre
Voy a encender tus lámparas divinas,

Aunque en velado resplandor se alumbre
Una inmensa necrópolis de ruinas.

De súbito sentí como si crujiera bajo un peso enorme el techo de
mi cuarto; y, sin que tuviera tiempo de darme cuenta de mis impresiones, vi en uno de los ángulos de esta habitación un monstruo
entre sátiro y hombre con grandes alas de vampiro; sus pequeños
ojos grises se clavaban en mí; ejerciendo extraña fascinación sobre
mi espíritu, y de entre sus labios salía una carcajada seca y estridente que me despedazaba los nervios. Estaba el monstruo rodeado
de un resplandor lívido que me permitía verlo en toda su horrible
fealdad. No tenía mi aparición el aspecto augusto de la aparición
de Volney en la ruinas de Palmira, no; era algo parecido a los fantasmas que debieron visitar a Voltaire en sus noches de insomnio.

—Insensato —me dijo—, que malgastas las fuerzas de tu espíritu en inútiles o ridículas especulaciones. ¿Sabes tú qué verdad es
esa que invocas ni qué viene a ser esa *Razón* que con tanto empeño
llamas en tu auxilio? ¡Cuántas recriminaciones pudiera hacerte!
Poeta un día, soñaste que la vida era toda ella un idilio, y no quisiste aceptar como bueno ningún sentimiento, ninguna pasión que
no fueran tu sentimiento y tu pasión. Renegaste de los demás hombres porque no entonaban contigo el himno que tú cantabas a tus
ídolos, y te hiciste misántropo porque amabas demasiado a la humanidad como tú la soñabas para que te fuera aceptable como ella
es en sí. Olvidaste que el hombre no es un ángel ni una bestia; pero
que se hace bestia cuando quiere hacerse ángel. Te separaste del
mundo y te encerraste aquí, *a estudiar la naturaleza* en los libros,
pasabas los días buscando cuál había sido el principio del mundo,
como si positivamente supieras que el mundo ha tenido principio.
No supiste huir de este raquítico orden de fenómenos que los sabios de la Tierra llaman lógica, y por lo mismo te diste a averiguar
la filiación del primer hombre. ¡Tú sabes cuán brillantes resulta-

dos te dieron esos estudios! A estas especulaciones siguieron en tu mente otras no menos importantes como son las de creación y transmutación. No pudiste hallar esas verdades; pediste socorros a la filosofía, y ella vino armada de punta en blanco a dártelo cumplido. Te proporcionó generosa su método inductivo, sus conclusiones a *priori* y *posteriori* con todas las armas antiguas y modernas de su nutrido arsenal. Aristóteles y Pitágoras, Descartes y Kant, con toda la turba de las gentes del silogismo y de la razón pura, los espiritualistas y los materialistas, hicieron en este cuarto la ronda contigo. ¿Y qué has sabido después de todo eso? Nada, mi querido filósofo, nada. ¿Has mejorado tu condición física, has resuelto el problema del equilibrio de las pasiones humanas? En el orden físico te han hablado con más cordura tal vez los filósofos modernos; pero todavía distingues con ellos tres reinos en la naturaleza, y yo río muy a mi sabor cuando los oigo hablar del *animal*, del *vegetal* y del *mineral*, estableciendo sabias divisiones y señalando los caracteres por que se distinguen los *tres reinos*. ¡Bah, bah! Encastillado en esta noción a priori perderás tu tiempo y tu vida en inútiles trabajos. Y en el orden moral veamos lo que tú sabes. Ya no crees en las causas finales; pero todavía necesitas la noción de una Providencia y del libre albedrío para contentar a los timoratos y para explicarte la responsabilidad del hombre. Sin estas bellas cosas se te desquicia la sociedad. ¡Adelantas! Ahora andas a vueltas con la razón y con la suma razón. Vaya, dime, pues, ¿qué entiendes por estas cosas? ¿Qué arrogante e ilimitada potencia es ésa capaz de verlo todo, de dominarlo todo, de incluirlo todo, y de suplir a todos? Supongo que para ti será un criterio universal de bondad y de verdad y que quieres hacer de ella el estado permanente del alma humana; sé que la han erigido ustedes *en facultad*.

No es pequeña vanidad la de creerse dotado de razón en todos los instantes de la miserable vida que llevan ustedes sobre los hombros; y es no menor locura pretender vivir sin pasiones. ¡Ah!, desgraciado. ¿Concibes a los mártires de la ciencia, a Servet o a Giordano Bruno, sin pasiones? ¿Concibes a los grandes poetas, a los que crearon con la palabra, con los colores o con el cincel, sin una pasión? ¿Qué hubiera sido Alejandro sin la pasión, sin el fanatismo guerrero, sin esa sed insaciable de conquista que tú reprobarías, que tu razón reprueba? Ahora niégame, si te atreves, que la ciencia debe mucho, que el arte también debe mucho o lo debe todo a esos hombres que no siguieron al sentir, al pensar y al obrar, los fríos preceptos de ese tirano cuyas leyes quieres imponer al mundo. Sí, sujeta al genio a la pauta de tu razón, ahoga la inteligencia creadora en el raquítico molde de tu crítica. Después de esto gime, llora, declama por qué no has alcanzado la codiciada paz del alma, la ataraxia o el nirvana.

Aquí se detuvo Calófilo y hará bien el lector en imitarlo conmigo unos instantes.

V

Entre grave y risueño había escuchado aquella relación sin perder uno solo de los ademanes de mi amigo, de cuya integridad de razón dudaba por momentos. No sabía explicarme aquel tránsito de la pasión exaltada a la alucinación más completa. No sabía que razonara la locura, ni que hablara tan cuerdamente un visionario.

Mudo, y como si fuera hecho de piedra, se mantuvo mi amigo un buen espacio de tiempo, hasta que, por sacarle de sus cavilaciones y por contentar también mi curiosidad, le pregunté:

—Y tú, entretanto, ¿qué sentías, qué pensaste, qué dijiste a aquel demonio de aparecido?

—Yo —dijo Calófilo—, horrorizado al principio, no pude darme cuenta exacta de todas sus palabras, pero el prestigio que en mí ejercía fue desvaneciéndose gradualmente y tuve valor para interrumpirle:

—¿Quién eres —dije—, que así blasfemas de todo lo verdadero y que anulas la razón con tus fallos soberanos?

—Quien sea yo no te importa. Quizá sea la ignorancia, quizá sea el fanatismo bajo una de las formas que reviste, quizá sea la duda, quizá sea un engendro de todos ellos —me replicó—, pero escúchame, que aún me resta algo que decirte.

Prosiguió Calófilo su cuento, o si quieres, el cuento de lo que su diablo le dijo, y es como verás en esta última parte de mi historia:

—Esa verdad, que tan a ciegas persigues, es no más que un sueño de tu mente, porque de que cada orden de fenómenos tenga su verdad, no se deduce que haya una cosa que sea y se llame *Verdad* en absoluto, como no se deduce, sino torpemente, que porque haya cosas de limitada duración exista la eternidad; como de que existen cosas finitas, limitadas, no se deducirá que exista un *Infinito* como no sea dentro de ti mismo. ¿Ni qué fe puedes dar a esas verdades que viven tanto como una escuela filosófica o, si más quieres, tanto como una civilización? ¿Cuántas veces has cambiado tú mismo de criterio, por no preguntarte cuántas veces le mudaron los hombres? Y cuando tuviste o cuando tuvieron uno por cierto, ¿a qué referían las verdades adquiridas, sino a ese mismo criterio que más tarde había de ser declarado mentiroso o torpe? Así, cada escuela ha tenido realmente su verdad o no la tuvo ninguna. Paréceme que giráis vosotros los hombres dentro de un círculo de hierro que no os da ni consiente salida alguna. ¿No has visto allí en esos libracos cómo los más sanos de juicio de entre los hombres que llamáis filósofos se preguntaron: *¿Será la verdad de hoy la mentira de mañana?* ¿Y no te lo ha enseñado la historia también?

Así, pues, presuntuoso, no tendrás nunca otro criterio de verdad que el que tú mismo te forjes y sustentes con el calor de la pasión, de esa pasión que condenas y proscribes.

Al llegar a este punto, observó Calófilo que el diablo lo miraba con cierto interés compasivo y su voz se había hecho menos áspera.

Animado por aquel cambio, me disponía a hacer a las fatídicas conclusiones de aquel Mefistófeles algunos reparos, que ya tomaban en mi mente la forma de la argumentación; y volviendo la cabeza al lugar en que se encontraba:

—¡Oh! tú —le dije.

Pero las palabras se helaron en mis labios; mi demonio había desaparecido. Quedé solo, se apagó la luz, tuve miedo, no sé qué infernal influencia ejercieron en mi espíritu aquellas palabras, aquel sarcasmo, aquella figura de mi aparición; pero desde entonces me siento mal, muy mal.

—Oh, porque esto es horrible —continuó, exaltándose—. Decir que el corazón engaña y miente el sentimiento; que la ciencia es toda ella una mentira; la lógica un instrumento y a la vez una ciencia falaz; la razón un sueño; ¡un sueño la razón!

Y prorrumpió en una carcajada en que se traslucían, a la vez, el dolor y la duda.

—Calófilo, amigo mío —le decía yo entonces—, ¿qué es esto? ¿Así te dejas dominar por una preocupación tan absurda? Ni aquí ha habido diablo alguno ni cuanto has creído oír es una verdad tan desconsoladora que te arrastre a la desesperación. Y supón que todo ello sea mentira; toma las cosas como son en sí, acéptalas con esa sana filosofía que sabe contentarse con lo que le dan y no exige más de la naturaleza o del hombre.

—¡Nunca, nunca! —me replicó indignado—; no seré yo quien se venda tan cobardemente, no me ocultaré una duda, no me negaré una verdad por huir del dolor. Conténtense norabuena los falsos apóstoles del sentimiento o de la ciencia con la posesión de sus verdades truncas o mentirosas; yo lo quiero todo o nada; en la moral, como yo la concibo, no hay una mancha; en la ciencia, como yo la quiero, no hay una laguna.

Dejé a mi amigo entregado a sus imaginaciones, y me retiré compadeciéndolo, pero bastante dueño de mí mismo para prometerme y jurarme mil veces no tomar las cosas con tanto calor y exageración como él. Verdad es que yo contaba con mi razón. Ya en mi casa abrí y hojeé la *Suma* de Santo Tomás, y antes de recogerme aquella noche era dueño ya de mi albedrío.

Murió Calófilo en un manicomio sin tener siquiera, como Cándido, el consuelo de labrar su huerta.

Cuestión de monedas

I

Cierto joven, inexperto sí, pero no pobre, porque llevaba consigo considerable suma de dinero, salió a correr el mundo y fue a pasar la noche de aquel día a una ciudad populosa en donde quiso proveerse de lo necesario; y era esto algo de comer porque se sentía con buen apetito, y una cama donde reposar porque estaba por demás fatigado del viaje, que fue largo y penoso. Pidió, pues, con qué pagar el hambre, en el primer restaurant que topó, y puso en la mesa un reluciente doblón diciendo:

—¡Ea, ahí va el dinero!

Miráronle sorprendidos y con ademán de gente incómoda los del restaurant, y le increparon que si era esa la moneda que él usaba.

—¿Cómo que no? —dijo el novel viajero—, y que es de oro y de buena ley.

—Váyase noramala el estafador —le rugieron en los oídos, y le pusieron en la puerta de la calle.

Desde allí oyó que se reían de él a carcajadas otros que le tomaban por loco y que daban a entender esto a los mozos del mesón. Perplejo se estuvo nuestro viajero algunos instantes, mirando alternativamente las estrellas y los adoquines, porque aquella ciudad estaba adoquinada, y era de noche, aunque no llovía; pero al fin, echó a andar y fue a parar a una casa de huéspedes que de allí no lejos alumbraba con una gran farola su tentadora muestra.

Aquí, como pidiera cama y quisiera hacer la prueba de su dinero, acontecióle lo mismo que en la fonda.

—¡Si me habrán engañado los que me enseñaron allá en mi casa que el oro era metal de gran precio, y me dieron ésta por buena moneda —dijo, como si desconfiase de la calidad de la que llevaba.

Y esta vez su perplejidad fue mayor y también mayor el número de adoquines y estrellas que pudo contar antes de resolverse a seguir adelante y a probar en otra parte la fortuna que en el restaurant y la hospedería le había faltado.

Caminando caminando se encontró en medio de una gran plaza en donde se vendía de todo; comestibles y ropa, virtud y fama; que es decir que había de qué contentar las necesidades del cuerpo y las del alma. ¡Ah!, se me olvidaba decir que el amor estaba asomado al postigo de su tienda, que tenía en medio de la plaza, y que pregonaba con voz enfática su mercancía.

—Aquí seré sin duda más afortunado —se dijo, y parándose delante del primer escaparate pidió de lo primero que vio; y en llegando el momento de pagarlo le tiraron a la cara el dinero que ofrecía.

Pidió explicaciones, y no se la dieron, y allí mismo se agruparon los de las tiendas convecinas que acudían como a defenderse de común peligro.

Huyó, esta vez huyó nuestro viajero, sintiéndose reo de un crimen que más podía sospechar por la opinión general que conocer por la revelación de su conciencia, y anduvo así vagando entre el lodo y la sombra de que estaba llena la ciudad hasta que apuntó el alba. No tenía hambre ni sed; que con el susto, junto con el cansancio, se le habían ido del cuerpo; pero le acosaba otra necesidad que le aguijoneaba el alma con la tiranía de un verdadero apetito.

He dicho que era nuestro viajero joven e inexperto, y no es extraño que sintiese necesidad de amar. Se le ocurrió una idea luminosa:

—Si será el amor —dijo— lo único que se pueda comprar con este dinero mío, porque sea lo único que valga; pues que, a la verdad, y a pesar de todo cuanto me ha sucedido, tengo todavía por bueno mi dinero. Es, además de esto, tan sincero, leal, y desinteresado el vendedor de este sentimiento, que no pretenderá engañarme como esos otros comerciantes de víveres, de honor y de buena fama.

Y con el corazón más que con los ojos, vio la tienda que buscaba y en la cual había toda la noche encendido un candil que daba más humo que claridad. ¡Cómo le palpitaba el corazón a nuestro joven! (Pero advierto que no lo hemos bautizado todavía; llamémosle Apofemo, nombre aunque bárbaro, sonoro y que le cuadra bien, por otra parte.) ¡Cómo le palpitaba el corazón a Apofemo cuando llegó a la puerta de la tienda!

Ya allí, escogió entre sus monedas la mayor, de más precio y más luciente, y la arrojó con cierto atrevimiento sobre el mostrador.

—¡Que se me dé en cambio lo que esto valga! —dijo.

Y vino el dependiente, que era una muchacha, cogió la moneda, miró de frente al advenedizo, y rompió a reír en son de burla; a esto salieron otras que estaban en el interior de la tienda y le hicieron coro; tiraron por el suelo la moneda, pisoteándola y la echaron luego a la calle, deslustrada y sucia. Estaba Apofemo lívido como ladrón cogido *in fraganti*, y acercándose a la que parecía directora del establecimiento, en voz baja y balbuciente se excusó como supo de su falta, y le dijo por fin:

—Decidme, señorita, cuál es la materia de que está hecha la moneda que circula en este país; y dejadme, por Dios, que vea vuestro dinero.

Metieron las muchachas las manos en los bolsillos y sacaron de ellas unos pedazos informes de una cosa negra.

—¡Mirad! —le dijeron con voz y ademán satisfechos.

Tomó Apofemo uno de aquellos cuerpos y vio que eran hechos de lodo muy hediondo.

—¿Conque es esta vuestra moneda? —prorrumpió, entre asombrado y afligido—; ¿conque es esto lo que preferís al oro? Ah, vosotras no conocéis su precio, no: desgraciadas, yo os diré...

Las muchachas le cerraron el postigo en las narices y quedó Apofemo solo en la plaza con sus pensamientos que ya se iban oscureciendo con tantos disgustos, y con el día que aclaraba con el Sol.

II

Al que me diga que la situación de Apofemo no era difícil y dolorosa, le diré yo que lo era, y mucho. Considérese si no la naturaleza de los contrapuestos afectos que en aquel trance se disputaban la atención de su juicio, mortificándole con dolorosísima obsesión. De una parte los aguijones de la necesidad, y de otra un sentimiento como de indignación y de temor, que se hacía lugar en su alma ante aquel desprecio que de todos había sufrido: el cuerpo que pedía pan y el espíritu que demandaba con no menor premura la reparación de una ofensa tan injustamente inferida a sus mejores y más sólidas creencias: dolor y disgusto, hambre y cólera, sobresalto y miedo, y todo esto con no sé qué vaguedad de pensamiento que abultaba los males de que se sentía aquejado.

—¿Será posible —decía para sus adentros— que toda esta gente de esta ciudad se engañe o pretendan engañarme cuando desprecian mi oro, o será, por el contrario, que mis buenos padres y todos aquellos que me enseñaron a usar de esta moneda y me proveyeron de ella en abundancia, se equivocaron, y me dieron con una mala doctrina, tan despreciable materia como parece serlo aquí el oro? Y que no hay por donde pasar; que esto es lo que tengo, y no otra cosa para proveerme de lo necesario, y en esta ciudad no está en uso, y yo no puedo prolongar mi ayuno ni vivir así al raso como vivo. ¡Buenos ojos tenía también la muchacha aquella de la tienda del amor!...

—Pero, ¿qué vamos a hacer? ¿Será así todo el mundo? —se dijo.

Y con esto le vino al pensamiento la idea de salirse de la ciudad, y así pensando tiró por una calle y luego por otra y anduvo todo el día vagando sin encontrar salida; que estaba encerrado como en un laberinto, y se le oscurecía, de la mucha hambre, la vista, y nadie quiso decirle por dónde se salía de aquella Creta.

—¡Conque estoy prisionero en este maldito lugar! —exclamó el desgraciado Apofemo, dejándose caer sobre una piedra, y rompiendo a sollozar—; conque no tendré más remedio que morirme de hambre; aquí en medio de la abundancia, de pobreza, viéndome rico, aislado como un leproso entre tanta gente que hace asco de mí y que me insulta con insolente satisfacción.

Un recurso le quedaba y era robar algo que comer; pero ni se le ocurrió, ni sabía qué cosa fuera a robar, ni lo hubiera hecho sabiéndolo. En medio de aquella tribulación desconfió por completo de sí mismo y procuró, escudriñando su conciencia, ver en ella su crimen; que tanta es la fuerza abrumadora del juicio del mayor número, cuando se ejerce sobre un espíritu débil o inadecuado en las artes de la vida.

—Mi oro no es oro, o el oro no vale lo que me dijeron —concluyó—; porque todos aquí no pueden engañarse.

Y estas reflexiones se las sugerían el aislamiento y el hambre que son poderosos a sugerirlas peores en todos casos. Estando en esto, acertó a pasar por allí un viejo de cara maliciosa y de cínico aspecto, y encarándose a Apofemo le dijo con burlona sonrisa:

—Sé lo que te pasa y eres un tonto si tanto te embaraza tu situación. Muchos otros como tú han llegado a esta ciudad y hoy se encuentran entre nosotros muy a su sabor y en vías de progreso. ¿Por qué en vez de estarte atormentando con inútiles preocupaciones, no tiras todo ese metal que llevas encima y que te embarga los movimientos? ¿Por qué no buscas aquí trabajo con que ganes la moneda que se usa en el país? ¿Por qué, en suma, no te acomodas a nuestros gustos y costumbres? Ya ves que aquí vivimos todos y que no eres mejor que nosotros.

Aquellas palabras cayeron como una descarga eléctrica sobre Apofemo; inquietóse más que estaba, y en punto sintió todas las turbaciones de la vacilación y las solicitaciones todas de sus no satisfechos apetitos con la fuerza de la gran tentación que se le ofrecía. Cerró los ojos, se incorporó como pudo, y dio al viejo una mano fría y sudorosa.

—Guiadme —le dijo.

III

Sin que supiera cómo, se encontró nuestro malaventurado viajero colocado en un establecimiento de los mejores de la ciudad, y vestido a la usanza y moda de aquel país. Las gentes que le rodeaban mirábanle con cierta sospechosa reserva, y el viejo había desaparecido. Dijéronle lo que tenía que hacer, y él lo hizo bien; que era hombre capaz en aquellos momentos de dar vueltas a una noria. Llegada la hora de comer, comieron, y comió un manjar desabrido que era el plato que allí más gustaba.

Por la noche cayó rendido en su tarima, y el cansancio no le dio tiempo, ni la postración lucidez para reflexionar sobre su estado. Llamáronle al alba, y aquel día le hicieron trabajar tanto como el anterior, con lo cual se durmió también fatigadísimo aquella noche; y así fueron sucediéndose los días y las semanas y corriendo el tiempo, embotando su espíritu, por el dolor y la influencia insensible e incontrastable del hábito, todo sentimiento de disgusto y aun el de su propia existencia. Había sido dominado por el cuerpo, tirano tan brutal como absoluto.

Así y todo, y con haberse acomodado a los usos y costumbres de los hombres con quienes vivía, era escaso el jornal que le daban, y se lo pagaban en el peor lodo del país. No podían perdonarle que hubiera pretendido hacer valer en aquella plaza otra moneda, ni se avenían bien con cierto aire de candidez y de segura inocencia que Apofemo, a pesar de todo, conservaba.

Dábanle valla; burlábanle de todos modos; y lograron infundirle un sentimiento de penosísima desconfianza de sí mismo. Vedábanle los goces más necesarios, a tal punto, que encarecían a sus ojos las groseras satisfacciones que solo a hurtadillas podía proporcionarse. No hay para qué decir que todos allí disfrutaban en toda la plenitud del goce de aquello mismo que a él le estaba vedado; y que, en ocasiones, cuando tímidamente se atrevía a probar de lo que todos se hartaban, echábanselo en cara con mal encubierto espíritu de acusación, y con tal cinismo, que para él se convertía en espíritu de justicia a fuerza de ser, como era, audaz, soez y descocada la gente aquella. ¡Ah!, lector de mi alma, por salvación de ella, te juro que le pusieron en los labios y en el corazón más hiel y más veneno que se pudiera encontrar en los hígados de todos los tigres de la Hircania y en las hadas famosas del Calabar. Tornóse en asustadizo de su genio: desconfiaba de todo, atrevíase apenas a respirar, medíase la luz que le era dado tener, y aún su sueño, con estar en él adormecida sus potencias, era inquieto, breve y lleno de horrorosas pesadillas. Hambriento así de todo, acarició alguna vez entre las sombras de su enflaquecida mente la esperanza de amontonar mucho lodo con qué saciar sus hambres, y guardó como un tesoro esta punzante fruición que para consuelo de sus cuitas le elaboraba todavía su lastimado cerebro.

Iba entre tanto pasando el tiempo y saliendo insensiblemente nuestro amigo de la estupefacción dolorosa en que le habían sumido sus desgracias, y con esto, como recobrasen su imperio las embotadas actividades de su espíritu, tuvo algunas vislumbres de su verdadera situación y conciencia de lo que le pasaba. Vio y conoció en toda su horrible fealdad el vicio que a todos corría y la disolución a que habían llegado los elementos de aquel extraño pueblo; supo darse cuenta de su propio valor; comparó, y la comparación le fue favorable, y se encontró mejor de lo que le habían hecho creer que era, y muy superior a todos los que le rodeaban. Metió los ojos en la hediondez en que vivían sumidos, y de asombro en asombro, hizo la repugnante disección del cadáver putrefacto de aquella sociedad.

Nada sé decirte sino que al tener conocimiento de ello fue su indignación tan grande como había sido su sufrimiento, y tan profundo el desprecio que sintió por todos, como había sido terrible el miedo y el temeroso respeto que supieron inspirarle. Apoderóse de su espíritu un saludable horror que le dio fuerzas para romper los lazos que a aquella sociedad le ligaban, y una noche se salió despavorido por los tejados y se echó al campo y echó a correr como alma perseguida por el enemigo. Tropezó en el camino con un cuerpo duro, cayó, y reconoció al tocarlo que era el talego de oro que los de la ciudad habían tirado a un muladar: recuperaba intacto su tesoro.

Una cosa había perdido, que fue la inocencia y el vigor que le robaron en aquella vida; acompañábale un gran dolor, pero conservaba en el alma inexhausta las fuentes del consuelo: lloró, lloró mucho y se sintió fortalecido.

El recuerdo de su vida pasada ha ido desvaneciéndose en su memoria como el de un sueño penoso; y aunque a veces y cuando se revuelve el tiempo le lastiman el alma las cicatrices y costurones de sus viejas heridas, cúrase de estos dolores con el bálsamo de la experiencia, única cosa buena que había en el pueblo donde sufrió tanto.

Hoy vive en su modesta ciudad natal en donde corre con general aceptación la buena moneda; y ha conseguido del ilustrado gobierno de su país la creación de un cuerpo de vigilancia que vela constantemente porque no se introduzca en el mercado el lodo que circula en aquel otro maldecido lugar.

Machito, Pichón

Fui siempre grande aficionado a los pájaros, pero me dominaba, a tal punto, en mi niñez, esta afición, que llenaba por entero mi alma: era en mí y fue una verdadera pasión con todos sus anhelos, con sus fruiciones todas; con sus amarguras y dolores también.

El canto de un pájaro, de una de nuestras aves canoras, sobre todo, me embelesaba: la emoción que en mí producía era tan intensa, tan dulce, tan misteriosa, que tenía mucho del arrobamiento: comparándola con otras emociones, de que todos somos por igual capaces, y que experimenté en otra edad, conserva para mí el recuerdo de aquélla un carácter de profundidad y de dulzura tal, tan inefable, que supera en mucho a todas las demás. Fue mi primera pasión; el primer aspecto del amor que había de inspirarme más tarde la Naturaleza, y que comenzaba a sentir así, dentro de mi condición psíquica, embellecido por el candor de la infancia, lleno de vagas presciencias de panteísmo, el carácter indiscutible y absoluto de lo fatal.

Muchas veces después, ya hombre, pretendí descubrir en mí la génesis de aquellos sentimientos; y los encontré siempre en lo más remoto, como fundamento de mi personalidad consciente: mi primer recuerdo puede ascender hasta ellos: nada más allá. No se hace, en vedad, sin cierto sentimiento de amarga fruición mezclada de enternecimiento esta pesquisa; ni es dable tampoco hacerla en todas ocasiones.

Vivía en el campo y me criaba al suave calor de las costumbres patriarcales del Camagüey; mi mayor goce consistía en vagar por la huerta entre ellas un frondoso limonero que me atraía con el misterio de su sombra, y allí me sentaba de ordinario, dominado por la sensación de la soledad y me dejaba penetrar de no sé qué vago sentimiento de prematura melancolía lleno para mí de deleite: bajo aquel árbol vi muchas veces un pajarillo que me fascinaba:

no estaba solo, me emocionaba al verlo: mi alma comunicaba con la chispa de vida que bullía en él: era para mí como una revelación de los secretos de la selva distante de donde venía: el alma del bosque umbrío y rumoroso hasta donde yo no había podido ir solo todavía. Todo esto, que se rememora mal, podrá parecerte, lector, quizás demasiado lírico, enfadosamente subjetivo acaso... Siéntelo por ti: yo solo me duelo de no poder reproducir en toda su sinceridad y su intensidad virginales aquellas primeras emociones de mi espíritu.

Recordando aquellas escenas quise pintar mis sentimientos de entonces en estos versos, fragmento de una larga composición inédita:

¡O la emoción dichosa de mi alma
Cuando en un tiempo fatigué la selva
Tras el brillante tocororo, al seno
Con efusión dulcísima volvieras!
Bien lo recuerdo: a veces tembloroso,
Reprimido el aliento, oí las quejas,
Del viento al susurrar, absorto y mudo
Bajo las lianas, en ardiente siesta;
O el cercano piar del pajarillo
Latir hizo mis sienes con violencia,
Y oí sobresaltado el ruido leve
Que forma el pie sobre las hojas secas.
Por corrientes ocultas y sutiles
Penetraba en mi ser la viva esencia,
El cálido vapor, el suave aroma,
El alma de la gran Naturaleza;
Y todo en mi redor se estremecía
Y se animaba con la llama inquieta
De la vida inmortal, y oía voces

Como de amigos labios por doquier.

De vuelta a la ciudad me acompañaba el recuerdo, melancólico siempre, de mi vida en el campo: parecíame entonces que había logrado los goces mejores, que no había sabido disfrutar de todos ellos: que había dormido mucho la mañana cierto día; que puede tal vez visitar cierto sitio agreste y no lo hice... ¡qué sé yo! Todo eso que deja tras sí siempre el bien perdido. Sentía en mí, además, como si se hubiesen roto los lazos que me unían a la vida, a aquella vida casi cósmica en que se desarrollaba contemplativa a mi alma, y a la cual ha tendido después siempre con todas sus secretas energías; y así me apartaba confuso en la ciudad de toda diversión objetiva: huía del ruido y gustaba de los sitios agrestes que en medio de la población, en nuestros grandes patios arbolados se hallaban a la veces: la intensa luz solar obraba seguramente sobre mi cerebro imprimiendo en él movimientos febriles de embriaguez y de ensueño, en medio de los cuales, viviendo al unísono con el medio ambiente, creía oír como el suspiro vago de la tierra en el hervor de su eterna germinación tropical: el canto del tomeguín mil veces oído en medio de aquellas contemplaciones las reproducía en mi espíritu: ansiaba tener uno como ansiaba reproducir a voluntad aquel ensueño, como hubiera querido poseer encarnado, más cerca de mí, hablándome a través de una forma viva, con todos sus misterios todavía, el espíritu de la agreste soledad, teatro de mi vida.

Lo codicié tanto, deliré tanto con ello, como después, adulto, con mi primera pasión amorosa; y es cierto que no tuve antes el pajarillo, porque la emoción misma con que lo codiciaba me cohibía en cierto modo y no me dejaba libertad para procurármelo: el alma vacila así muchas veces ante la realización de uno de sus sueños, y, la turbación que precede al goce anticipado de la posesión real, la paraliza en el éxtasis ruboroso de la posesión puramente espiritual. Hay en ese estado psíquico pasional punzantes y secretas fruiciones que bien pudieran ser la raíz del ascetismo. Pero ¿a qué ahondar más en la esencia de estos sentimientos?

En sazón ya, seguramente, en su forma más humana, mi deseo, supe adquirir una jaula para el pajarillo, y más tarde, merced a la solicitud de mi excelente madre, pude salir un día, un sábado por la tarde, a comprar mi pájaro y me dirigí a casa del maestro Marcelino, gran pajarero que vivía en el Barrio de Santa Ana en un callejón próximo a la Iglesia; no estaba lejos de casa: alguna vez había pasado yo por allí y había oído las voces de tanto pájaro como tenía. Era este hombre un mulato de hasta cincuenta años de edad, alto y grueso, de voz y además reposados, hombre muy conocido y objeto de envidia de todos los que como yo amaban los pájaros; porque poseía a la verdad los mejores: su casa estaba atestada de jaulas, de toda forma y tamaño, y en ellas se movían y cantaban representantes de todas las especies de pájaros cuba-nos capaces de domesticidad: era fama que había logrado tener un tocororo, ave delicadísima que pocos han visto en jaula: él sabía en qué época había de dar caza a cada especie codiciada; cuándo llegaba de la Florida la mariposa; en qué estación bajaba el cham-bergo; si tal especie se cogía en trampas, con señuelos o con liga; dónde anidaba el tomeguín o el negrito; era entre nosotros el árbi-tro supremo de todas estas cosas, y tenía a nuestros ojos de niños un carácter casi sobrenatural. No sin emoción, pues, entré en casa del maestro Marcelino.

—¿Qué quiere el niñito? —me dijo. Yo no acerté a hablar en el primer momento, medio aturdido por el ruido que hacían cien pájaros distintos cantando a la vez, y turbado por el sentimiento de codicia que en mí despertaba su vista—. ¿Viene a comprar su pajarito, verdad? —agregó viéndome callado.

—Sí, señor, yo quiero un tomeguín cantador —le dije, ya más repuesto.

—¿Del pinar o de la tierra?

—De la tierra.

—Pues aquí tengo lo que usted necesita —añadió descolgando una jaula en que había un pájaro de la especie que yo buscaba—; aquí tiene usted su tomeguín.

—Lo quiero macho y que cante bien —repetí yo muy emocionado.

—Ya lo creo, niño; y que puede servirle hasta señuelo —dijo, ya con el pájaro en la mano y disponiéndose a echarlo en mi jaula: él mismo abrió la jaula y lo soltó en ella.

No sabía yo entonces distinguir el macho de la hembra; pero me pareció demasiado pálido el color del cuello del pajarillo y no sin cierta ansiedad ya, le dije:

—¿Pero es macho, maestro Marcelino?

—Ya lo creo, niño; machito, pichón —me contestó con tono insinuante—; machito, pichón, vaya usted tranquilo; y diciendo esto me cobró el valor estipulado y me acompañó hasta la puerta de la calle.

Miré a la luz mejor el pájaro, y me pareció más pálido que nunca, y muy arisco además, pero como yo no estaba del todo seguro de mí mismo y aquel hombre me inspiraba cierto temeroso respeto, emprendí con mi pájaro, mi irresolución y mis dudas, el camino de mi casa. Cerraba, ya, cuando llegué, la noche; y pensé solo en buscar sitio en la pared a mi jaula y en esperar el día para oír cantar mi tomeguín. Muy desvelado al principio, me dormí tarde hasta despertar antes del alba: cuando apuntaron los claros del día estaba yo en pie y vestido ya: salí al comedor en donde había dejado mi jaula; el tomeguín saltaba en ella; pero estaba mudo, en vano procuré excitarlo al canto llevándolo al patio entre los sembrados y flores del arriate: no pió siquiera aquel día. Vi, como era natural, al maestro Marcelino, dile mis quejas que no lo conmovieron seguramente, y lo explicó todo diciéndome que el pajarito extrañaba la jaula y la casa; no quiso cambiármelo por otro.

Como esperé aquél, esperé muchos días, entre ansiedades que llegaban a la angustia, el canto del tomeguín; no cantó nunca; era hembra y las hembras de esta especie son mudas: me habían engañado, abusando de mi inocencia: fue la primera burla y burla bien cruel por cierto, que me hizo otro hombre: el eterno conflicto de los intereses humanos en que el campo escabroso del egoísmo se reveló así a mi corazón de niño: al primer contacto de mi personalidad con el mundo sufrí un roce tan áspero que me dolió como una desgarradura; aquel hombre había envenenado, por pura malicia, la fuente del goce inocente y sereno que tanto codicié y cuya satisfacción le había comprado: el dolor del placer frustrado se unía en mi pecho el punzante sentimiento de la burla de que había sido objeto. ¡Cuánto goce sencillo y candoroso malogrado en un instante! ¡Machito, pichón!... Debajo de aquellas palabras cínicamente tranquilizadoras había oculta toda la bajeza de que es capaz el alma humana degradada. Muchas veces, después, en los momentos de las grandes decepciones y de las humillaciones que nos impone la vida, he sonreído amargamente recordándolas. La verdad es que yo no estaba preparado para tanto: había vivido demasiado en la naturaleza, y sabía, quizás, reconocer la zarza, pero no conocía al hombre.

El ciervo encantado

Cuento prehistórico

A mi gran amigo Membroides de Buca

Hace de esto más de veinte mil años; y el hecho puede interesar solo a los que rastrean en el pasado del hombre, y guiados de la Ciencia Antropológica los primeros asomos de nuestra vida moral, que, a pesar de la leyenda del Paraíso puede muy bien no haber sido desde los principios de nuestra existencia histórica tan perfecta como es hoy; después, sobre todo de las grandes enseñanzas que en el campo de esa vida nos dieron en su día los epicúreos, y de las que, más cerca de nosotros y en el mismo sentido nos proporcionó amablemente el gran Hobbes...

Sea de esto último lo que quiera, lo cierto es que los sucesos a que me refiero han sido puestos recientemente en claro por uno de esos grandes investigadores que, en busca de la verdad, escudriñan no ya los secretos que encierran los viejos ladrillos caldeos, los papiros y pirámides egipcios y los amarillentos pergaminos, sino los que esconde y solapa el gran libro geológico en sus capas, estratos y yacimientos, que son, a los ojos del sabio, como otras tantas hojas impresas llenas de noticias curiosas, escritas allí con caracteres muy legibles en el gran infolio de la tierra. Labor que está muy por encima de la que, ayer, como quien dice, realizaron los logógrafos y mitógrafos de la Grecia y deja a cien leguas por detrás la obra de los Herodotos y Teopompos, y aun la del mismo Tácito.

Es, pues, el caso (y no es posible que, para declararlo en su evolución cósmica, étnica, religiosa, política y sociológica entremos en pormenores enojosos como aquellos que descubrió y describió Gulliverio en la persona de las damas de honor de Brodignac a las

43

cuales les veía hasta los poros de la piel y los capilares de los ojos), es el caso, decimos que se sabe de ciencia cierta que en aquellos tiempos que he dicho y cuando todavía era el Mediterráneo un gran lago, existía en el confín oriental más remoto de ese mar que fue muchos miles de años después teatro del movimiento comercial de los fenicios y cartagineses, una isla de regular tamaño, fértil y bien proporcionada que parecía hecha a pincel por las manos del mismo Platón, que, como se sabe, fue gran maestro en el arte de hacerlas y pintarlas y un gran soñador por añadidura, como dijo tan bien Voltaire, que tuvo tanto talento, que supo tantas cosas y no llegó nunca a entender la Historia. Esta isla que decimos no fue Taso, ni Samotraki, ni Imbro, ni Estalimcue, ni Negroponte, ni Naxos, ni Lemnos, ni Escolepo, ni Esquiro, ni Esquiatos, ni ninguna de las Cícladas; ni Coluri, ni Egina, ni Hidra ni Psara, ni Chío, ni cualquiera, tampoco, de las Esporadas; ni Rodas, ni Escarpanto, en el gran mar Egeo, ni se encuentra entre las Jónicas, porque no fue Zefalonia, ni Corfú, ni Zante; ni Ogigia (en donde habitó, como es sabido, Calipso), ninguna de las cuales islas pudo haber existido entonces porque aún estaba unida por una cadena de montañas la Europa al Asia; y las más altas cimas de esa gran cordillera más tarde sumergida, no representaban el papel geográfico que centurias después habían de representar y aún representan. Conjetúrase que la ínsula de que hablamos tuvo el mismo geológico origen que tuvieren las Afortunadas y la de Pancaya, que siglos de siglos más tarde habían de descubrir aquellos grandes navegantes del Océano de la Imaginación que se llamaron Iambulo y Evhemere. Es cierto, además, en todo caso, que no fue la de los Hiperbóreos, porque esta isla había de caer, como cayó más tarde, bajo la constelación de la Osa, un poco más allá del punto en que sopla el viento que le da su nombre.

La isla, que figura con el nombre de Nauja en los mapas de los Toscanelli y otros cosmógrafos de aquellos remotos días, estaba poblada y había alcanzado un grado de civilización muy considerable para los tiempos que corrían; y se supone que su gente procedía de la raza *cheleenne* (cheleana, diremos) que ocupaba por aquel entonces el occidente meridional de Europa, la cual raza dio de sí el gran delicocéfalo inteligente, alto y fornido que se pintaba de minio la cara y estaba dotado de una gran combatividad además, como convenía a quien había de disputar la vida al gran *Félix Spelea*, al león, que era un niño de pecho al lado de éste, al gran oso de las cavernas y a otras bestezuelas por el estilo. Era un poco nocturno y tenía sus toques felinos entonces el *homo sapiens* y andaba armado de una macana, a cuyo lado la de Hércules hubiera parecido un mondadientes y portaba, a todo evento, además, una azagaya capaz de pasar de claro en claro, lanzada por su hercúleo brazo, un unicornio y hasta dos, como los cogiese apareados. Un animal, como si dijéramos, doméstico, de entonces, era el gran *Cervus Elaphus*, cuya presencia impondría hoy a la más brava domadora de leones de cualquier Barnoom.

Ese animal, más ligero de suyo que el viento, más grande que un alce moderno, temible, porque estaba armado de formidable cornamenta y no tenía el corazón de un corderillo, era presa fácil del hombre, su contemporáneo, que tenía en la carne de la gran bestia el mejor bocado de su mesa; como tenía en el auroch (un toro grandísimo y endiablado de entonces), su proveedor de paño para vestido y abrigo, que de él los sacaba, arrancándole la piel, después de haberlo muerto en la caza, por supuesto; que el desollar a los animales y a los hombres vivos empezó en el mundo más tarde, con los amigos de San Bartolomé. ¿Y quién les dice a ustedes que un ciervo de aquellos fue causa de que la existencia hasta cierta hora plácida y tranquila de aquellos isleños se perturbase, accidentase y dramatizase hasta no poder más, y acabase en el mayor desconcierto social hasta entonces entre hordas humanas conocido? ¿Quién les dice a ustedes que un ciervo de aquellos?...

Pero no adelantemos los sucesos. La narración anticipada de ellos pudiera no ser todo lo puntual que la Historia exige; y es bien que se esté, para su inteligencia, en antecedentes de cierto orden, al origen, carácter y vicisitudes de aquel pueblo concernientes; y sin las cuales, en cualquier caso, no se sabría nunca nada de cierto. El hombre está, como sabe hace siglos de siglos, en plena posesión de la verdad histórica; y el que hace este cuento no puede pasar sin ella ni sabría defraudar, ocultándola, los intereses, a este respecto sagrados, de la inteligencia humana.

¡Paciencia, y bajaremos!

La primera carta que en este barajar topemos nos dirá, y esto es esencial, que aquellos hombres no habían nacido en aquel lugar como hongos, ni cayeron del espacio, ni de una isla aérea como alguno pudiera sospechar: primero, porque la generación espontánea no había sido todavía descubierta por los Holbach, ni las islas flotantes habían sido aun inventadas por los Swift; aquellos hombres procedían del Continente, y habían arribado a la isla (nadie sabe si a nado o embarcados en grandes canoas) en una época que los más antiguos de ellos fijaban cuatro siglos atrás, y con intención de colonizarla. Si alguna cosa se sabe en Historia es que pueblos y razas diversos inmigrantes se sucedieron en la Europa Occidental y en la Central, extendiendo la civilización, que de oriente traían, a lo extremos del continente y a las islas que la rodeaban y rodean. Los pueblos, que son como colmenas (no hay que darle vueltas) han enjambreado desde el principio del mundo, como enjambrearon desde entonces las abejas. Eso es cosa sabida también, y aquí está el, quid de tanto trasiego de gente sobre la tierra. Demos, pues, por cosa averiguada, que nuestros robinsones se habían desprendido de un grupo continental más numeroso y más fuerte también. Ni memorias tenían aquellos contemporáneos del Mammouth de vida mejor que allí, señores de la tierra, hacían; ni aspiraban a más de vivir hartos. Un instinto sí les dominaba:

el cinegético, que en el género de vida que llevaban se les había hipertrofiado en el alma y se la llenaba a todos ellos; y por aquí se verá cómo nacían desde entonces en lo humano de las propias virtudes los defectos. Pieza ojeada, pieza muerta, era allí como el evangelio de la vida moral estrecha, pero intensa, que hacían; y así lo atestiguaba, primero, la existencia de aquella sociedad, y, luego, las osamentas de toda clase de animales feroces que como columnas de triunfo se alzaban por todas partes en la Isla, así en el llano, como en los claros de las selvas, en lo más espeso de los bosques y en lo más lóbrego de las cavernas, en donde aún puede hallárselas.

Pero he aquí que un día el más acreditado cazador de aquella subraza llega, jadeando, anochecido ya, a su caverna y cuenta a los viejos y a los jóvenes que en ella le aguardaban el hecho por todo extremo insólito, de habérsele escapado un ciervo tras el cual corrió desde antes del alba. Si faltaba con ello en el hogar la carne, faltaba también lo que ya desde entonces era más caro que todo a nuestra especie: el honor. Oír el cuento y armarse todos fue uno, y juntos, por tácito acuerdo salieron a perseguir, apasionados y con salvaje energía, la fugitiva res. ¡Ni por esas! Con el alba entraron en su cavernoso asilo todos al siguiente día, desesperados, sudorosos, sombríos, mudos de sordo rencor los cazadores. Todos habían visto el ciervo, todos habían creído tenerlo acorralado todos habían disparado sobre él a tiro y sobre seguro sus vibrantes azagayas; y el animal no parecía ni muerto ni vivo, cuando, contando con la presa ya en la mano, se abalanzaban a cogerla. ¡Nada! El ciervo se les desvanecía en el aire, para reaparecer un instante después triunfador, burlón, como desafiándolos, a cien toesas del lugar que había hollado primero; y, allí, vuelta al acecho, a la persecución y al acorralamiento, al ataque frustrado y a la fuga de la bestia y al fracaso del hombre! Aquella gente, como toda gente ruda hablaba poco; pero la gran taciturnidad en que estaba sumida en los momentos en que los vemos juntos, tenía la taciturnidad poblada de amenazantes rumores que precede en la naturaleza, al huracán.

Bebieron agua en el hueco de la mano, tomándola de un manantial que en la vera misma de la gruta tenía su nacimiento, y se dispararon juntos como una tromba a través del intrincado bosque en un claro del cual hacían su guarida; y fueron caverna por caverna, por todos los ámbitos de la ínsula, comunicando la humillante nueva a todo dolicocéfalo capaz de manejar una maza; y, casi sin palabras, se entendieron. Eso tiene lo trágico, su mutismo expresivo es más elocuente que el discurso más acabado. Además, y sin que supieran darse cuenta de ello, aunque lo sentían, flotaba por decirlo así en la atmósfera con inconsciencia penetrante, el espíritu sombrío de los días calamitosos de los pueblos! Y arrolló aquel huracán de bípedos, injertos de Argos y de Hércules, rabiosamente activos, cuanto se opuso a su paso en la pesquisa feroz que emprendían; y el ciervo, cien veces visto, con proporciones gigantescas ya (apocalípticas diríamos si no fuese allí anacrónico el adjetivo), les burló otras cien. Panteras, osos, leones a quienes despreciativamente esquivaban, se paraban con asombro feroz e imbécil, y los veían pasar sin comprender nada, sin explicarse aquella vertiginosa batida.

Días y días pasaron así, presa del vértigo cinegético, trasponiendo sierras, vadeando ríos, saltando torrentes, recorriendo llanuras, explorando valles, sondeando quebradas, cañadas, precipicios y simas; y en todas partes veían o columbraban al fantástico animal, sin que asirlo pudieran, hasta que, agotadas sus energías, cayeron rendidos en un grandísimo llano que en medio de la Isla se hacía y en donde tenían sus asambleas y fiestas en épocas normales de la vida. Allí mismo, pocas horas después, y un tanto convalecidos de la fatiga celebraron consejo. Agotados los recursos de la fuerza brutal, casi mecánica, de que el hombre como las fieras dispone, desde entonces, resolvieron por lo que se echa de ver, apelar a los de la inteligencia. Después de muchos ¡Lloó!

¡Lloó! que era entre ellos una interjección muy significativa, y tras mucho hablar, el Néstor de la Asamblea propuso que para coger el ciervo pidiesen auxilio y recursos a la Metrópoli que, como se sabe, estaba situada en el continente vecino. Ahuecaron seguidamente el tronco de un baobab diez veces centenario que de allí a pocos pasos crecía, y que en un decir Jesús habían derribado; y ya tienen ustedes embarcados en la canoa que hicieron al Jasón y al Ulises de aquella gente. Uno iba como piloto, gobernando el barco; el otro como diplomático, para conducir y manejar aquel asunto en la Corte; y,

Itli robur et oex triplex
circa pectus erat qui fugitem truci
commisit pelago ratem
primus,...

allí los tienen ustedes navegando bravamente, rumbo al nordeste.

Perdidos iban ya entre la bruma, y aun creían percibir los vales de sus amigos, aquellos ¡ay! que en aras de una gran pasión cinegética arriesgaban la vida emprendiendo el primer periplo que realizaron los hombres.

No todavía el áureo vellón de la piel de una oveja, sino el cuero de un ciervo iban buscando!

Mas, ¡por algo se empieza!

Volvieron al cabo de años con las manos vacías aquellos agrícolas de mares, como el Góngora de entonces los llamaba y dijeron que en la Metrópoli habían puesto, con el recado que llevaron, el grito en el cielo: que hasta se habían airado, y que contestaron que harto harían del lado de allá con perseguir su ciervo; que también tenían uno que coger, y, además (y en son de paternal aviso) que la carne de ciervo era manjar indigesto y que se guardasen, no digo de comerla, que eso ¡nunca!, ¡sino de apetecerla siquiera! Así las cosas, y flacos y desmedrados los isleños, minada su moral cinegética, además, por la desesperanza y por las inútiles correrías que en pos de la bestia en que cambió Diana a Acteón de cuando en cuando emprendían siempre, se dividieron en dos bandos. Unos, los cansados y más flojos, decían que a aquel animal había que cogerlo por las buenas; y otros, los más radicales, que carne de bestia tan montaraz y arriscada no sabía bien sino comiéndola a la fuerza y adobada por los propios jugos, auras, emanaciones, efluvios y acres vahos de la libertad en que había nacido y vivía. ¡Digo, y que el animal, con la gimnasia a que lo habían sometido, y con la edad, porque era todo un macho adulto, estaba entonces más grande y vigoroso que un megaterio y más salvaje e intangible que nunca! ¡Aquí hubiéramos querido ver nosotros a San Huberto, a Favila, a Jules Gerard, al Caballero de los Leones y al mismo Tartarín en persona! Pero ¿qué quieren ustedes? Ninguno de esos personajes de la Historia y de la Novela habían nacido todavía!

Otra fue la industria de que en aquella extremidad se valieron: pidieron entonces auxilio a una gran nación vecina de quien era fama que había cogido hacía años su ciervo, y la invitaron a que los ayudase, por amor al arte cinegético, a coger el que por espacio de casi media centuria habían vanamente perseguido, y sin el cual así lo declaraban a gritos, no podían vivir. No se prestaron de momento los poderosos vecinos a tal propósito pero desazonados al cabo por la gran agitación que en la isla, muy próxima a ellos, reinaba, y por el ruido de las correrías de los isleños que no les dejaban dormir en paz su siesta, resolvieron acceder, buscándole un soslayo, a la histórica súplica, y helos allí en campaña, trasladados en son de caza a la isla convulsiva, y en pos del asendereado y codiciado ciervo, que cayó, a la postre, de puro cansado ya, en sus manos.

¡Qué alegría, qué regocijo, qué embriaguez la de aquellos insulares en aquel instante! Ni cuando vinieron al suelo lo muros de Jericó, ni cuando Godofredo tomó la Ciudad Santa, ni cuando tomaron e hirieron polvo los franceses la Bastilla, ni cuando arrojaron antes de esto los españoles al último moro, con Abu Abdilá, tras ocho siglos bélicos, de la península, ni cuando (por no olvidar a los griegos) cayó Troya o remató Hércules el último de sus doce trabajos, quedaron los hombres y héroes que tales empresas persiguieron, tan contentos y satisfechos y gloriosos como nuestros cazadores isleños en aquel punto! Pegaron carreras, cantaron himnos, postráronse, y dieron gracias al cielo y se inundaron, cuerpo y alma en la divina al par que viril beatitud del éxito, tal como culmina en lo cívico, militar y cinegético dentro de esta alma humana que da de sí tela para cortar un Nemrod, un Espartaco y un Mazzini, como la da también para cortar un Sancho; no el Bravo, sino su paisano, el de las Zancas. Pero he aquí que, pasado el primer momento casi siempre estuporoso del triunfo, divídense en cinco o seis grandes grupos los isleños, y sin haberle visto todavía un pelo al ciervo, empiezan a disputar sobre la mejor manera de guisarlo para comérselo; y dando cada grupo exclusiva preferencia a su cocina, encónanse los ánimos y tiran todos a acabar, no solo con la cocina, sino con la existencia del grupo contrario. Ese ciervo ha de comerse en salsa de ajos con limón, y asado en barbacoa, en una pieza, decían unos.

¿Qué, asado? ¡cocido! decían otros. Ni asado ni cocido, sino hecho cecina a modo del jamón de Westfalia, y lasca a lasca, vociferaban muchos. Vosotros no sabéis de cocina, argüían éstos. Ni tenéis gusto vosotros, replicaban aquéllos. Mi salsa es la buena, mi procedimiento el mejor, gritaban en la nueva algarabía todos; y cada uno juntaba candela por su lado y llevaba leña, como podía, a su fogón, quemándole de paso la ropa o la piel al contrato con quien topaba. A esos, ni el agua ni sal, proferían despreciativamente unos. A aquéllos ni la luz del Sol, vociferaban coléricos los otros. Los vecinos, auxiliares de los isleños que, so pretexto de desbravar la bestia y de enseñarla a cabestrear se habían quedado con beneplácito de todos en la isla, viendo esto, dijeron en cifra al gobierno de su tierra: Esta gente no quiere coger ya el animal ni saben de eso; y hasta es probable que nosotros, hartos como estamos, tengamos que comérnoslo; porque no se huya y vuelva a provocar con su persecución nuevos escándalos; lo mejor para nosotros hubiera sido dejar a estos isleños agotar en la persecución del ciervo sus energías; capaces como son, por lo que se ve, de la persecución, pero no de la posesión de la pieza: aquí están dejándola en nuestras manos, dispuestos a matarse antes que a ir juntos, como debieran, a adueñarse todos de ella. Tal pudiera una manada de hambrientos lobos, que persiguiese en los bosques a un jabalí, abandonar la caza al percibirlo; y, rabiosos del anticipado celo de la posesión, caer unos sobre otros y devorarse; sin acordarse ya en su ciega gula de la soñada presa, que huye libre al cabo, gruñendo de salvaje goce. Pero no hay memoria de que los lobos sean tan torpes.

A cara descubierta, pues, ante esa orgía de insanos apetitos isleños, los vecinos llegaron a señalar en la res los pedazos que de ella se atrevieron a apetecer, y aun dijeron que harían de ellos un buen roas-beaff, en lo cual estuvieron todos de acuerdo. Mandaron los matarifes para cuando llegara el caso, y dieron instrucciones a sus cocineros; temerosos, en el fondo, de que los isleños se resistiesen a ello, y alguno creyó que despiertos ante la amenaza de mayor ultraje, acudiesen unidos a apoderarse del ciervo aún en pie y vivo los que tanto lo persiguieron. ¡Temor y creencia vanos! Allá, más enconados que nunca unos contra otros, permanecieron perfeccionando las recetas de sus respectivos platos los diversos grupos que se disputaron el derecho de cocinar el ciervo a su modo; asegurando que en triunfando cualquiera no dejaría sentar a la mesa del festín a isleño alguno que no perteneciese a aquella escuela gastronómica; y aun así ¡quién sabe! ¡al freír, decían, será el reír. Alguno se dolía ferozmente de no estar él solo para devorar solo toda la res y roerle después hasta el último hueso y chuparle los tuétanos. ¡Vano sueño de salvaje glotonería! Ebrios todos en su furor, aquellos hombres no sintieron (¡qué habían de sentir!) el ruido que hacía con sus ásperas escamas al arrastrarse por el país un terrible boa constrictor, el voraz *Piton Aureus* de los naturalistas cheleanos, que habían traído consigo y soltado los extranjeros, y que ahogaba a los empobrecidos y desmoralizados propietarios de los pastos en que pudo vivir el ciervo. Pero digo que alguno de aquellos isleños llegó a vender sus predios a vil precio para comprar leña que ofrecer a los gloriosos lúculos de Nauja: uno a uno los poseedores de la tierra se ofrecían como fascinados a la sierpe, que lanzándose sobre ellos como la mísera prole de Laocoón,

«dans un cercle d'écaille sasit sa faible proie,
l'enveloppe, l'étonffe, arrache de ses flancs;
d'affreux lambeaux, suivis, de longs
ruisseaux de sangs;»

y aquí no hubo padre solícito que acudiese en defensa de los hijos en peligro y que supiese morir con ellos. Todos fueron ahogados; y el mejor día se vieron los supervivientes sin pastos para el ciervo y sin ínsula y sin ciervo también!

Enrojecidos de la sangre de sus insanos apetitos los ojos, buenos así solo para contemplar al ser odiado, ni vieron ni previeron, y hay quien dice que en su torpe coraje intestino ni siquiera se dieron cuenta de su mengua, o que dieron por bien empleado que el ciervo pasase al corral de los avisados vecinos extranjeros.

«Mejor —decían—, con eso no lo probará ninguno de mis contrarios.»

Dueños ya así del territorio los cuerdos y sagaces aliados de un día, impusieron, naturalmente en la Isla su gobierno, industria, costumbres y habla, no hay para qué decir que los aborígenes quedaron de por sí recluidos de la vida social que allí se impuso y fue próspera y feliz para los señores de la tierra: los hijos del país formaron una casta inferior, apta solo para los oficios más bastardos. Unos servían de mozos de labor, para lo más menudo e insignificante en los predios rústicos que un tiempo fueron propiedad suya; otros se agregaban, como lacayos, a las familias dominantes que los toleraban con despectiva lástima y les arrojaban para que se sustentasen los relieves de las mesas. Ninguno tenía, al parecer, conciencia del rebajamiento en que habían caído; habían perdido con la razón la memoria. Pero lo que más despertaba la curiosidad de los ocupantes y les sirvió por largo tiempo de cómica diversión fue el espectáculo que dieron los Jefes de cocina isleños que, sin percatarse del cambio operado en la ínsula permanecían tenaces al pie de sus viejos fogones, en cuclillas, soplando febrilmente las cenizas ya frías y espiando dementes el brote de una chispa que no surgió nunca. Inútil fue cuanto se hizo por apartarlos de aquellos lugares: allí se disecaron, y cayeron al cabo muertos de extenuación entre los negros tizones apagados ¡oh, la cocina! Todavía hay quien dice que los habitadores autóctonos de aquella isla no pertenecían a nuestra especie, sino que eran, sencillamente, yahous, extraños seres antropoides de que habla en la narración de sus viajes Gulliver, y a quienes vio en el país de los Houyhnhnms, sirviendo a éstos como esclavos; pero esa circunstancia, por ser tan vieja esta historia, no ha podido puntualizarse como alguno quisiera. Y, mejor es así, decimos nosotros: ¡siempre es consolador pensar que pudieran no haber sido hombres como nosotros los cubanos, por ejemplo, los cuasi fabulosos habitantes de Nauja, desatentados perseguidores del Ciervo Encantado!

Una novelita

Capítulo I. Amor

Era una mañana de invierno, pero de ese benigno invierno de Cuba que reúne a los encantos de la más hermosa primavera, la frescura y suavidad de la temperatura que se hace entonces menos ardiente. El Sol inundaba en torrentes de luz los campos, siempre verdes; y en aquellos instantes espléndidos, como si hubiesen mudado o retocado por la noche su vestidura de esmeralda. Había llovido mucho los días anteriores, y las hojas, limpias, tersas y brillantes, se dejaban acariciar por el hábito tibio de un hermoso y deseado día de Sol.

El aire, diáfano; azul y puro el cielo; olía el campo a flores recién abiertas, y se respiraba ese vapor cálido y reparador que se desprende después de la lluvia, de las praderas en donde crecen plantas aromáticas.

Respiraba el pecho con avidez aquel aire puro, y con él se sentía penetrar en la sangre y en el espíritu como una ola de vida nueva y ardiente. Los sabios han descubierto que se forma en ciertas ocasiones en la atmósfera un gas que cuando se respira, convida a la alegría y al contento.

Desvelado desde la madrugada, salió temprano al campo el soñador Enrique, y atento al espectáculo que hemos bosquejado, participaba de su belleza con esa fruición con que saben comprender y sentir la naturaleza los poetas. Recogía en su alma toda aquella luz y aspiraba, embriagándose, las emanaciones de que estaba impregnado el ambiente. Pero él llevaba otra luz en el alma, y sentía más dulce embriaguez: la luz y la embriaguez del amor. Enrique amaba; amaba quizá por vez primera y, como si la naturaleza celebrara con aquella fiesta matinal el amor que él sentía en su pecho, se desbordaba de él el sentimiento que se desborda siempre de nosotros en los momentos de las grandes emociones estéticas, como si nuestra personalidad se derramase sobre el mundo para compenetrarlo y confundirse en él.

¡Oh, amada mía, pensó, si pudiera compartir contigo las emociones de mi alma! ¡Si pudiera compartir contigo las que me dominan en este momento; si pudieran confundirse nuestras almas en el sentimiento de una misma belleza! Y requiriendo las riendas del caballo que montaba, y que había detenido por algunos segundos, le dejó el libertad, excitándole al correr por la calzada que se ofrecía a su vista. ¡Corre! En aquellos instantes se sentía animado de la necesidad de moverse; su espíritu, que vagaba en las regiones del ensueño, hubiera querido devorar el espacio, escalar en vertiginosa carrera una montaña alta, alta como su anhelo; ¡y correr de nuevo; siempre adelante, como el joven viajero de Longfellow! El hombre ha hecho del caballo un auxiliar poderoso, no solo de su cuerpo, sino de su espíritu; si el vigor del uno no se ve acrecentado empleando en su servicio las fuerzas del bruto, el espíritu sabe asociarlo también a sus pasiones, pedirle movimiento y energía; y el corcel siente a veces la espuela del jinete, como éste el acicate de la pasión que lo domina.

Pocos minutos después descubría Enrique, con el corazón antes que con los ojos, una casa medio perdida en medio del camino entre los árboles que crecen a la orilla de éste. ¡Qué emoción! ¡Allí, bajo aquel techo, ella, Emelina, piensa tal vez en él! ¡Quisiera descubrirla, adivinarla, verla, mandarle en un movimiento todos sus pensamientos, toda su alma, la expresión más cariñosa de su amor!

* * *

A la vuelta, cuando sus ojos envolvían, ya sin esperanza de ver el objeto de su anhelo, la casa aquella, un lienzo blanco ondea en el aire por entre una reja. ¡Es ella! ¡Ah!, si has amado, tu corazón ha vivido esta vida llena de encantos, de temores, de alegrías súbitas, de hermosas y santas puerilidades del enamorado, tú, lector, comprenderás la emoción dichosa con que vio tremolar Enrique, con todas las palpitaciones de la pasión, el blanco pañuelo; tú sabrás por qué, en aquel momento, como tiende el vuelo el ave que se siente contenta con su presa, se alejó a toda rienda el caballero... ¡Oh, amor!, inspirador de los hechos generosos; divino revelador de la existencia: tú das luz a las tinieblas, tú pueblas de risueñas visiones los desiertos: tú animas con tu exuberante vida a la naturaleza y operas en el mundo como en el alma del hombre, metamorfosis imposibles a toda otra pasión. Tú haces que el filósofo llore sobre una flor seca, reliquia de su primera pasión; y guardas y das a beber a raudales a tus elegidos el agua que devuelve la juventud y el sentimiento al corazón más árido.

Era la tarde: una tarde digna hija de aquella mañana; un jinete cruzaba el camino, el mismo camino que recorrió Enrique cuando asomaba el Sol. Enrique era también el caballero; pero sus ojos no se atrevieron a mirar esta vez hacia la pintada casita; sabía que estaba allí, de pie en la puerta, y saboreaba con ruboroso placer el encanto de adivinarla sin ser osado a fijar en ella descubierta la mirada. ¿Por qué en los momentos del goce de un bien codiciado se experimenta casi siempre una timidez que retarda voluntariamente su posesión?

Díganlo todos aquellos que hayan sentido el rubor de la dicha cumplida. El día tiene su albor que lo precede y prepara; la dicha no hace tampoco su irrupción en el alma de un modo súbito; hay siempre en ella ese momento de vacilación que es como su aurora. Enrique atendía solo a refrenar el corcel que se encabritaba. De súbito, y de un recodo del camino, se adelanta una mujer que deja ver de intento un papel blanco plegado entre sus manos. Enrique se aproxima a ella; no cruzaron los dos una palabra, y un instante después la carta, oprimida por la mano trémula de Enrique, no hubiera podido ser visible en aquellos contornos: el caballo corría, volaba por el campo.

—Aquí, se dijo Enrique deteniéndose bajo un grupo de acacias, aquí podré leerla; y paseó en torno una mirada inquieta y recelosa; sentía como si lo persiguieran, como si alguno le disputara el blanco pliego. El camino estaba desierto; pero Enrique no leyó allí la carta. Después, allá, a lo lejos, donde estaré más solo; allá la leeré, pensó: y castigando sin saber por qué al caballo, corrieron y corrieron, incierto siempre el jinete, cubierto ya de sudor el bruto.

El camino conduce a una quinta, lugar un tiempo de recreo, hoy ruinosa, que dejan entrever las ramas de álamos y laureles de rica y salvaje vegetación. Mucho tiempo hace que está inhabitada aquella casa; por doquiera crecen altas y tupidas las yerbas que borran los senderos. En este lugar había detenido el caballo su carrera. Enrique, soltando las riendas, se dispuso a romper el sobre, que oprimía entre sus manos como si sintiera bajo la cubierta los estremecimientos de la mano de su amada. Temblaba y no acertaba a rasgar el papel; echó pie a tierra y abrió al cabo la carta. «¡Amado mío!» Esta frase, no más, pudo leer; palpitaba con violencia su corazón: creyó oír en aquellos instantes el sonido melodioso de cien instrumentos que hubieran estallado de súbito en un concierto de indecible armonía. «¡Amado! ¿Conque soy amado? ¡Alma mía!», dijo con voz penetrante y acercando a sus labios la carta, la besó una y muchas veces en la efusión de su contento. Así, absorto en la contemplación de su propia alma, cuyas potencias se exhalaban, dominado por venturosa alucinación, se creyó transportado a un mundo nuevo, todo luz, todo belleza, todo suavísima paz; y entregó su espíritu al feliz deslumbramiento de la dicha que alcanza su plenitud.

El Sol había desaparecido ya del horizonte, y comenzaban a lucir las primeras estrellas, cuando tornó Enrique en su acuerdo:

aún estaban húmedos de lágrimas sus ojos. Miró en torno, y se aproximó a pasos lentos, casi maquinalmente, al lugar en donde el caballo, libre, pacía la abundante grama.

Una hora después penetraba en su morada el caballero, se encerraba en su habitación y se recogía.

—Debe de estar malo Enrique, decía su hermana; ha venido tarde; le he interrogado y no me ha contestado una palabra; pero tenía las manos ardiendo al llegar.[1]

1 NOTA: No aguardes lector, el segundo capítulo ni otro alguno: tú, si has cumplido ya los dieciocho años, puedes continuarla si te place; hay siempre una novela en el primer amor; recuerda la tuya, o prepárate a realizarla. (N del A.)

Libros a la carta

A la carta es un servicio especializado para
empresas,
librerías,
bibliotecas,
editoriales
y centros de enseñanza;
y permite confeccionar libros que, por su formato y concepción, sirven a los propósitos más específicos de estas instituciones.

Las empresas nos encargan ediciones personalizadas para marketing editorial o para regalos institucionales. Y los interesados solicitan, a título personal, ediciones antiguas, o no disponibles en el mercado; y las acompañan con notas y comentarios críticos.

Las ediciones tienen como apoyo un libro de estilo con todo tipo de referencias sobre los criterios de tratamiento tipográfico aplicados a nuestros libros que puede ser consultado en Linkgua-ediciones.com.

Linkgua edita por encargo diferentes versiones de una misma obra con distintos tratamientos ortotipográficos (actualizaciones de carácter divulgativo de un clásico, o versiones estrictamente fieles a la edición original de referencia).

Este servicio de ediciones a la carta le permitirá, si usted se dedica a la enseñanza, tener una forma de hacer pública su interpretación de un texto y, sobre una versión digitalizada «base», usted podrá introducir interpretaciones del texto fuente. Es un tópico que los profesores denuncien en clase los desmanes de una edición, o vayan comentando errores de interpretación de un texto y esta es una solución útil a esa necesidad del mundo académico.

Asimismo publicamos de manera sistemática, en un mismo catálogo, tesis doctorales y actas de congresos académicos, que son distribuidas a través de nuestra Web.

El servicio de «libros a la carta» funciona de dos formas.

1. Tenemos un fondo de libros digitalizados que usted puede personalizar en tiradas de al menos cinco ejemplares. Estas personalizaciones pueden ser de todo tipo: añadir notas de clase para uso de un grupo de estudiantes, introducir logos corporativos para uso con fines de marketing empresarial, etc. etc.

2. Buscamos libros descatalogados de otras editoriales y los reeditamos en tiradas cortas a petición de un cliente.

www.ingramcontent.com/pod-product-compliance
Lightning Source LLC
Chambersburg PA
CBHW020559130626
46552CB00007B/2955
* 9 7 8 8 4 9 9 5 3 4 2 8 2 *